AF257998

LA VÉRITÉ

SUR LES

DERNIÈRES ÉLECTIONS DE LYON

PAR

UN ÉLECTEUR

Prix : 15 centimes

LYON

ASSOCIATION TYPOGRAPHIQUE

C. RIOTOR, RUE DE LA BARRE, 12

1876

Ainsi constitué, le Comité central n'a qu'un pouvoir très-restreint. Il arrête certaines mesures de règlement intérieur, mais il ne peut prendre aucune décision importante, comme par exemple la désignation d'un candidat. Dans ce cas, il est obligé de faire appel à la volonté souveraine des groupes, qui prononcent en dernier ressort sur cette question majeure par un scrutin auquel participent tous leurs membres.

Le Comité central n'est donc qu'une délégation des groupes. Ces derniers demeurent toujours souverains et ne peuvent être engagés par une décision contraire à leurs vœux prise par le Comité.

Constitué sur ces bases, celui qui avait à s'occuper de l'élection du 20 février dernier dans la 2ᵉ circonscription du Rhône, après avoir discuté le mérite de plusieurs candidats proposés par les groupes, fit procéder à un vote régulier à ce sujet, mais avec cette condition expresse que les voix qui pourraient être obtenues par M. Ordinaire seraient considérées comme nulles et non avenues dans le cas où ce candidat ne répondrait pas victorieusement aux attaques dirigées contre lui. Le résultat de ce vote fut celui-ci :

Millaud ...	648 voix	
Ordinaire..	609 —	conditionnelles
Ballue	577 —	
Chavanne .	459 —	
Crestin....	299 —	
Ferrer....	253 —	

Le candidat légitime de la 2ᵉ circonscription était donc M. Millaud.

Mais ce choix ne plut pas à la minorité qui, sous divers prétextes, remplaça cette candidature par celle d'Ordinaire, en escamotant le vote régulier des groupes auquel elle substitua un autre vote fait sans droits et contrairement aux usages par le Comité lui-même, dans sa séance du 13 février où l'on avait *omis* de convoquer les délégués dont on pouvait craindre l'opposition.

Ce vote donna le résultat suivant :

Ordinaire ..	66	voix
Millaud	25	—
Crestin.....	9	—
Ballue	2	—

Nous n'avons pas l'intention de faire connaître ici tous les incidents qui ont accompagné cette manœuvre déloyale; nous nous bornerons à dire qu'aussitôt qu'elle fut connue dans les groupes, elle provoqua une protestation très-vive et divisa tous ses membres en deux camps, l'un qui voulait Ordinaire à tout prix et l'autre qui n'en voulait pas.

Dans ce dernier, pour repousser la candidature Ordinaire on n'invoquait pas seulement l'irrégularité du vote fait par les délégués, c'est-à-dire au deuxième degré, contrairement à l'usage et aux principes républicains, mais on s'appuyait encore sur l'indignité du candidat auquel on reprochait de n'avoir pas répondu d'une manière satisfaisante aux graves et nombreux reproches qui lui avaient été adressés, tant sur sa vie privée que sur sa conduite politique.

On l'accusait, entre autres, de s'être abstenu à la Chambre lorsque M. Dupanloup fut élu sénateur *à une voix de majorité*. La voix de M. Ordinaire pouvait donc faire échouer l'élection de ce prince de l'Eglise. Mais il paraît que M. Ordinaire avait ses raisons à lui pour ne pas priver le Sénat des lumières du prélat illustre qui représente si bien en France Rome et le *Syllabus*.

Les partisans d'Ordinaire furent bien obligés d'avouer que c'était là une grosse faute ; mais n'était-elle pas largement rachetée par sa fameuse apostrophe à la commission des grâces :

« Vous êtes des assassins ! »

Il y a des mots qui font fortune.

Cette interruption avait fait celle de M. Ordinaire, qui ne s'était guère inquiété de savoir si une pareille injure n'était pas profondément impolitique et n'aurait pas des suites funestes pour ceux qu'elle semblait vouloir défendre.

Quant à sa vie privée, dont nous n'avons pas à nous occuper, elle donna lieu, au sein du Comité, à une discussion des plus violentes et fut l'occasion d'une controverse philosophique et drolatique sur la loi dite Guilloutet.

Les partisans de M. Ordinaire, subitement touchés par la grâce, se trouvèrent tout à coup épris d'un grand amour pour cette loi réactionnaire et monarchique. Ils soutinrent avec la plus grande énergie, et comme s'il se fut agi d'eux-mêmes, vraiment ! « qu'on n'avait pas le droit de franchir le mur sacro-saint de la vie privée d'un citoyen.» Mais ils ne produisirent aucun argument à l'appui de cette proposition, si ce n'est que la politique et la morale sont deux choses bien différentes.

Nous ne pouvons donner ici les détails de cette discussion ; mais il nous semble utile de faire connaître notre manière de voir à ce sujet.

En thèse générale, et sans faire aucune personnalité, nous pensons qu'un candidat à la députation ne peut se soustraire au devoir de répondre à toutes les questions qui lui sont adressées sur sa vie privée.

Comment ! il vient nous demander un brevet de civisme ; il sollicite nos suffrages ; il aspire à l'honneur de nous représenter, de nous donner des lois, et nous n'aurons pas le droit de nous assurer qu'il en est digne ?

Non, mille fois non, il ne suffit pas que les opinions politiques de notre représentant soient conformes aux nôtres ; nous devons encore et surtout exiger de lui une moralité parfaite ; savoir s'il est bon fils, bon époux et bon père ; s'il a su, par son travail et sa conduite, se créer une position honorable et respectée.

Car s'il n'est pas tout cela, s'il est, au contraire, insouciant, débauché et prodigue, s'il a pour le jeu une passion irrésistible, si, enfin, au lieu d'avoir amélioré sa position il a dilapidé follement son patrimoine, quelle confiance pouvons-nous lui accorder ?

N'est-il pas parfaitement admis et reconnu par tout le monde que la passion du jeu, par exemple, mène droit à la ruine, de la ruine à la misère, et de la misère au crime ; et n'est-il pas à peu près certain que le joueur malheureux, privé de ressources, vendra au besoin sa conscience et trahira ses devoirs ?

A ces arguments irréfutables, le camp opposé répondait invariablement « que personne n'avait le droit de toucher à la vie privée d'un candidat, ce candidat fût-il le plus immoral gredin du monde. »

Enfin, et pour en revenir au comité, disons que les partisans de M. Ordinaire cessèrent bientôt de discuter, et que, dans les réunions qui suivirent, ils se bornèrent à étouffer la voix de leurs contradicteurs par des cris, des injures et des provocations.

On ne pouvait plus marcher ainsi. Le comité se divisa donc en deux parties à peu près égales quant au nombre, mais bien différentes sous le rapport de l'intelligence et de l'honorabilité.

C'est ce que nous nous réservons d'expliquer plus tard si la situation l'exige.

Donc, les membres du Comité qui tenaient pour M. Ordinaire, maintinrent cette candidature, et les autres membres de ce *même Comité,* ceux qu'on a appelé depuis et bien à tort les *dissidents,* proposèrent celle de l'honorable citoyen Crestin à défaut de M. Millaud, porté à la Croix-Rousse à la place de M. Chavanne, par suite d'un coup d'autorité arbitraire du Comité de cette circonscription semblable à celui qui s'était produit à la Guillotière.

On sait le reste. La coterie Ordinaire, appuyée par les journaux soi-disant démocratiques, obtint une majorité écrasante, et les véritables amis de la République, qui ne furent vaincus que parce qu'ils étaient privés de moyens de publicité, fiers d'avoir lutté pour la bonne cause, ne laissèrent pas que d'être attristés d'un résultat aussi déplorable et des symptômes qu'il révélait.

Ajoutons, pour ne plus revenir sur tout ce qui concerne

le Comité, que les *dissidents*, loin de conserver rancune de leur défaite, tentèrent, par des démarches nombreuses, à renouer les relations interrompues et obtenir la fusion des deux camps à l'occasion des élections des 26 mars et 23 avril. Mais ils ne réussirent qu'à se convaincre du mauvais vouloir de leurs adversaires et de leur résolution bien arrêtée de tenir à distance tous les électeurs éclairés qui pouvaient porter ombrage à leur dictature occulte.

II

LA PRESSE

En présence de ce conflit entre électeurs d'une même nuance politique sur le choix de leur candidat, le rôle de la presse républicaine de Lyon était tout tracé. Elle n'avait qu'à tenir la balance égale pour tous, et puisque, au fond, les deux candidatures étaient bien notoirement radicales et qu'il ne s'agissait plus, dès lors, que de moralité et d'honnêteté, elle devait en accueillir les noms dans ses colonnes ainsi que cela se pratique partout et particulièrement à Paris.

Cette conduite eut été très-correcte et parfaitement conforme aux véritables intérêts de la démocratie lyonnaise ; car il est certain que, en cas de ballotage, on se serait rallié sans difficulté, au second tour de scrutin, sur le nom qui aurait obtenu le plus de voix au premier, et tout antagonisme disparaissait.

Au lieu de cette attitude si simple et si logique, la presse a agi avec une partialité révoltante en soutenant la candidature Ordinaire, mettant au service de cette mauvaise cause la calomnie, les insinuations perfides, les fausses nouvelles, etc., en un mot, tous les vilains procédés empruntés à l'Empire d'odieuse mémoire, jusques et y compris des menaces ridicules de poursuites qui devaient rester sans effet et des injures d'une grossièreté à soulever le cœur de dégoût.

Et c'était bien en vain qu'on lui adressait des réponses et des rectifications. Elle n'insérait rien, même après assignation, sans respect pour le droit des gens et sans égard pour les lois du pays dont elle semblait se moquer, comme si elle avait reçu par avance des garanties d'impunité.

Et maintenant, nous le demandons, pourquoi la presse républicaine de Lyon a-t-elle apporté dans cette affaire tant d'ardeur, de passion, de mauvaise foi et même de haine ?

Y avait-il péril en la demeure ? Non. Car cette compétition de deux candidatures républicaines de même nuance politique ne pouvait, en aucun cas, favoriser le candidat monarchiste dont l'échec était certain.

Pourquoi entre les deux camps issus d'un même comité, cette presse a-t-elle pris parti pour l'un plutôt que pour l'autre ?

Comment a-t-elle distingué celui qui avait tort de celui qui avait raison ? Quelles sont les considérations qui ont déterminé son choix ? Quel est le fil d'Ariane qui l'a guidée dans ce dédale du faux et du vrai ? Pourquoi a-t-elle embrassé avec si peu d'hésitation la cause de celui qui était injuste, violent, autoritaire, suspect, contre celui qui, jusqu'au dernier moment, est demeuré ferme sur le terrain des principes républicains et n'a cessé d'agir avec la plus complète convenance et la plus parfaite loyauté ?

Etait-ce dans l'intérêt seul de la République qu'elle épousait avec tant d'acharnement une querelle qui n'était pas la sienne ?

Tous les républicains intelligents et sincères se posent ces questions auxquelles il n'est pas difficile de répondre.

En effet, c'est que la presse soi-disant républicaine radicale de Lyon, n'est ni radicale, ni même républicaine.

Elle est composée de deux journaux seulement. Le *Progrès* fondé par M. Chanoine, un fort honnête industriel qui ne dissimula jamais ses opinions légitimistes et cléricales et qui, en mourant, légua le tout à sa veuve; et le *Petit Lyonnais* qui est la propriété de M. Ballay, libraire, autre industriel non moins honorable, mais qui, avant le jour où il a fondé *son Journal*, n'avait jamais dit un mot, fait un pas ou dépensé un sou dans l'intérêt de la République.

Et c'est tout. Deux journaux soi-disant républicains radicaux qui appartiennent à de très-honnêtes gens, assurément, mais qui sont bien loin de partager nos convictions et nos principes et qui verraient probablement avec peine la République se fonder en France d'une manière solide et durable. Car cette forme de gouvernement ne pourraient tarder à nous donner la liberté de la presse, et la liberté de la presse serait la destruction du monopole dont jouissent Mme Chanoine et M. Ballay en vertu du capital dont ils disposent.

Ces deux journaux sont donc tout simplement, pour leurs propriétaires, une spéculation commerciale, une combinaison financière fort lucrative et rien de plus ; une question de boutique et de marchandise.

Personne n'ignore cela dans la démocratie lyonnaise. Il y a longtemps qu'on l'a compris, qu'on se le murmure à l'oreille et qu'on s'est demandé avec inquiétude s'il n'y aurait pas un remède à cette situation fausse et dangereuse.

En attendant, le *Progrès* et le *Petit Lyonnais* font la pluie et le beau temps dans notre ville sans autre considération que leur intérêt personnel. En flattant les passions de la foule enthousiaste mais ignorante ; en excitant ses impatiences irréfléchies ; en renchérissant sur ses plus extravagantes aspirations, ils augmentent *le tirage*, remplissent leur coffre-fort, et, ce qui est bien autrement grave, ils se rendent maîtres des élections !

Et qu'on ne croie pas que cette appréciation soit exagérée. Voici la note qu'on a trouvée dans les pièces saisies après le 4 septembre 1870 aux archives de la police politique de Lyon :

« Le *Progrès*, journal de l'union démocratique, radical
« pour le public, mais susceptible d'accommodements pour
« l'administration. »

Ne vous semble-t-il pas entendre Tartufe ?

« Il est avec le ciel des accommodements. »

Comme on le voit, le *Progrès* n'était pas au plus mal avec l'Empire ; et l'on sait que depuis, sous le gouvernement de combat et l'état de siége, on ne s'est pas montré trop sévère envers lui. On s'est contenté de lui interdire la voie publique, pendant quelque temps, pour sauver les apparences, sans doute, tandis qu'on supprimait sans miséricorde la *France républicaine* et la *Mascarade*, journaux indépendants.

Les mêmes causes engendrant les mêmes effets, le *Petit Lyonnais, ejusdem farinœ*, n'a pas été en butte à de bien grandes rigueurs de la part de l'administration.

D'où il résulte que ces deux journaux ne représentent ni une idée, ni une opinion, ni un principe, mais tout simplememement *une caisse*.

A ces journaux hybrides, *moitié renard moitié loup*, selon l'expression de Béranger, mais dont l'existence n'est plus un mystère, il faut des nullités remuantes et ambitieuses qui leur servent d'état-major. Ces compères, plus ou moins sincères, ne manquent pas dans les grands centres industriels comme Lyon. Aussi, ils ne tardent pas à se reconnaître, à se réunir, à s'entendre, à s'aider mutuellement et à faire chorus pour flatter et tromper les électeurs naïfs qui se paient de mots et d'apparences.

On ne recule pas devant les promesses hyperboliques.

Ce serait à pouffer de rire si ce n'était profondément triste.

Écoutez-les.

Ce n'est rien que d'obtenir de suite :

L'amnistie pleine et entière ;
La séparation de l'Église et de l'État ;
L'instruction libre, laïque, obligatoire et gratuite ;
La liberté absolue de la presse ;
La liberté de réunion et d'association ;
La justice élective (?) etc.

Ils promettent encore :

Le droit au travail ;
Les États-Unis d'Europe ;
La solidarité humaine,
La fraternité universelle !

Rien que cela !

Il ne faudrait pas leur parler de poursuivre la réalisation de *ce qui est possible*, vous seriez traité de réactionnaire.

Fi donc ! *ce qui est possible*, ils n'en veulent pas ; ils ne leur faut que de l'impossible, à ces grands génies politiques.

Et le *bon peuple* bat des mains et vote pour n'importe qui ou n'importe quoi. Il ira même, sans le savoir et sans s'en inquiéter, jusqu'à donner sa voix aux hommes qui lui sont le plus antipathiques, par exemple à un membre de la Société de Saint-François-Xavier qui porte le dais aux processions de la Fête-Dieu, tout comme à un apologiste de la Commune.

Un pareil dévergondage du suffrage universel fait admirablement le jeu des monarchistes qui affectent d'avoir bien peur, et agitent de plus belle le *spectre rouge* et le *péril social*. Les paysans et les bourgeois s'effrayent ; les affaires en souffrent ; les hommes indécis, les timorés qui avaient fait un pas vers nous, reculent épouvantés, la République mal affermie vacille sur sa base, le gouvernement de combat triomphe et les libertés les plus nécessaires nous sont refusées.

Et cela dure jusqu'au jour où un nouveau coup d'État, une nouvelle révolution ou une nouvelle invasion vienne brusquement réveiller le peuple qui paie toujours les pots cassés sans y rien comprendre, et qui n'en continuera pas moins, le lendemain, à se nourir l'esprit des rocambolades stupéfiantes que lui serviront les saltimbanques politiques.

Nous défions qui que ce soit de trouver une autre explication vraisemblable de la conduite des deux journaux en question.

Ajoutons, pour être juste et faire la part de responsabilité qui incombe à chacun d'eux dans le tripotage des dernières élections, que le *Petit Lyonnais*, en nous refusant son concours et en ouvrant ses colonnes toutes grandes à nos adversaires, a été assez habile pour ne pas manquer aux convenances. Il a laissé à son confrère le *Progrès*, journal de Mme Chanoine, le privilége des calomnies, des grossièretés et des insinuations déloyales de la dernière heure.

Ce sont de ces choses qu'on ne doit pas oublier.

III

LA DISCIPLINE

Ce qu'il y a de plus curieux dans cette affaire, c'est que les journaux, dont nous venons d'esquisser à grands traits le caractère et les tendances, aient adopté pour se faire obéir des masses, un mot qui sonne pourtant bien mal aux oreilles des républicains les plus tièdes et devrait éveiller toutes leurs méfiances, le mot de *discipline*.

Ils n'ont plus que ce mot dans la bouche.

Au lieu d'inviter le peuple à s'instruire de ses droits et

de ses devoirs, à se servir exclusivement de sa raison, à voir par lui-même les hommes et les choses, à discuter leur mérite et à les juger en toute connaissance de cause ; au lieu de les engager à prendre une part active aux affaires de la République, de n'agir qu'avec sagesse et prudence et de ne point confier au hasard, à des inconnus, les destinées du pays dont ils sont les dépositaires ; au lieu de lui dire :

« Tu es le maître, rends-toi digne de commander en « maître ! »

Ils lui crient sans cesse : « Discipline ! discipline ! »

Qui a-t-il au fond de tout cela ?

La discipline, qui est la vertu militaire par excellence, suppose un chef connu, accepté, responsable, et des conventions réciproques qui garantissent certains droits en échange de certains devoirs temporaires et bien définis. Mais cette discipline conditionnelle, qui fait la force des armées, serait le suicide d'un peuple.

S'il l'accepte, de quelque part qu'elle lui vienne, d'en haut comme d'en bas, quand il s'agit de son vote, il abdique ses droits, il perd sa dignité, il livre au plus habile sa fortune, sa vie, son âme, sa patrie.

La discipline comme on cherche à te l'imposer, ô peuple ! c'est la même qui fait des membres de la Société de Jésus autant de cadavres. *Perinde ad cadaver !*

Cette discipline, c'est plus que la caserne, c'est le monastère ; c'est l'obéissance passive, c'est-à-dire aveugle et muette ; c'est le knout de tzar, c'est le bâton du planteur, c'est l'esclavage.

Que dis-je, l'esclavage ! c'est plus que l'esclavage, entends-tu bien ? c'est la honte !

C'est avec la discipline que les rois poussent les peuples les uns contre les autres, au gré de leurs caprices, dans l'intérêt de leur dynastie, ou simplement pour se faire une petite page dans l'histoire. C'est avec la discipline sévère imposée à ses légions que Jules César a égorgé nos pères pendant dix années ; que l'inquisition a allumé ses bûchers ; que Louis XIV a révoqué l'édit de Nantes ; que Napoléon Ier a fait le 18 brumaire, Napoléon III le 2 décembre, et Guillaume l'invasion de la France.

Écoute, ô peuple ! la discipline est l'arme de la tyrannie. — Tu dois la haïr et la repousser de toutes tes forces, sous peine de retomber, avant d'en être entièrement sorti, sous le despotisme de quelque monarque de contrebande.

Regarde de près et examine bien ceux qui te conseillent la discipline. Ce sont les plus cruels ennemis de la liberté. Fouille leur vie, même privée : c'est ton droit. Demande-leur qui ils sont et d'où ils viennent ; tâche de surprendre les intérêts et les mobiles qui les font agir.

Surtout n'oublie jamais que ta nouvelle *souveraineté* va être entourée de mille piéges, et souviens-toi de ce que tu pensais naguère des courtisans qui flattent les rois...

Tu as perdu la République de 1848 par ta faute ; prends garde de faire de même pour celle qu'il dépend de toi de fonder aujourd'hui !...